Helga Fell

Adventskalender
für Erstleser

Esel Muli erlebt die Weihnachtsgeschichte

1. Klasse

Kopiervorlagen

Inhalt

Gedruckt auf umweltbewusst gefertigtem, chlorfrei gebleichtem
und alterungsbeständigem Papier.

5. Auflage 2023
© by Brigg Verlag C. Büchler, Beilingerstr. 21, 86316 Friedberg, Inhaberin: Claudine Büchler
Alle Rechte vorbehalten.
Das Werk und seine Teile sind urheberrechtlich geschützt.
Jede Nutzung in anderen als den gesetzlich zugelassenen Fällen bedarf der vorherigen schriftlichen
Einwilligung des Verlages.
Hinweis zu §§ 60 a, 60 b UrhG: Weder das Werk noch seine Teile dürfen ohne eine solche Einwilligung
an Schulen oder in Unterrichts- und Lehrmedien (§ 60 b Abs. 3 UrhG) vervielfältigt, insbesondere
kopiert oder eingescannt, verbreitet oder in ein Netzwerk eingestellt oder sonst öffentlich zugänglich
gemacht oder wiedergegeben werden. Dies gilt auch für Intranets von Schulen.
Illustrationen: Bettina Weyland
Layout/Satz: PrePress-Salumae.com, Kaisheim
Druck: Rausch Druck GmbH, Aindlinger Str. 14, 86167 Augsburg

ISBN 978-3-95660-074-6   www.brigg-verlag.de

Einführung: Wie Sie den Kalender im Unterricht einsetzen können

Das Besondere: Aus 24 Blättern werden eine Geschichte und ein Krippenbild

Der Adventskalender kann als erste Klassenlektüre begleitend zu jedem Leselehrgang gelesen werden. Auf den großen Kalenderblättern entwickelt sich die Geschichte jeden Tag mit zwei einfachen Sätzen weiter. Parallel dazu finden Sie auf den Seiten 28 und 29 Ausschneidebilder, die sich zu einem Krippenbild ergänzen. Für die Kinder gibt es den Kalender als Hosentaschenbuch auf den Seiten 31 bis 34. Die Figuren der Geschichte bieten sich auch für weitere Aktionen im Unterricht an, z. B. als Schreibanlässe zum kreativen Schrei-ben. Durch die vielfältigen Einsatzmöglichkeiten der Vorlagen sind Ihrer Kreativität keine Grenzen gesetzt.

Anregungen und Ideen für den Unterricht

Kalenderblätter
- Jeden Tag darf ein anderes Kind den neuen Text vorlesen und das Kalenderblatt ausmalen oder gestalten, evtl. auch als vorbereitende Hausaufgabe („Vorleseauftrag im Morgenkreis").
- Die Kalenderblätter können an einer Wäscheleine oder Pinnwand im Klassenraum oder im Schulgebäude aufgehängt werden.

Ausschneidebilder
- Jeden Tag darf ein anderes Kind das Bild zur Geschichte ausmalen.
- An der Wand oder am Fenster entsteht sukzessive das Krippenbild.

Adventskalender im Hosentaschenformat
- Die Kopiervorlagen (S. 31–34) auf zwei DIN-A4-Seiten (Vorder- und Rückseite) kopieren, dann entlang der gestrichelten Linie die Doppelseiten des Büchleins ausschneiden. Als Sortierhilfe befinden sich links oben auf jeder Doppelseite die Ziffern von **1** bis **8**. Beginnend mit **1** die Seiten in der richtigen Reihenfolge aufeinanderlegen (also ganz unten die **1**, ganz oben entsprechend die **8**), dann diesen Stapel in der Mitte zum Buch falten. Zusammenklammern oder zu Hause fädeln lassen.
- Nun hat jedes Kind sein eigenes Buch für zu Hause zum Lesen und Ausgestalten.

Krippenbild
- Jedes Kind kann auf seinem Krippenbild nach der Lektüre des jeweiligen Textes das entsprechende Bild suchen und ausmalen.
- Das Krippenbild ist auch als Plakat im Klassenzimmer (auf DIN A3 kopieren) oder als Anleitung für das Zusammenkleben der Ausschneidebilder verwendbar.

Viel Freude beim Erlesen und Erleben der Weihnachtsgeschichte mit Ihrer Klasse und mit dem Esel Muli wünscht Ihnen mit vorweihnachtlichen Grüßen

Helga Fell

Anordnung/Sortierung der Seiten des Adventskalenders im Hosentaschenformat

Das ist der Esel Muli.
Muli lebt im fernen Land.

Miro ist Mulis Papa.
Miro und Muli rufen oft „I-A".

3

Mola ist Mulis Mama.
Mola ruht sich am Boden aus.

Muli ist mit Mama und Papa im Stall.
Da lebt auch die Maus Mini.

Neben dem Stall ist das Feld. Da ist der Ochse Rono zu Hause.

Verlag Felix Adventistische Schriften für Entdecker · Best.-Nr. 874 · © Felix Verlag · Felix

Dort gibt es auch Schafe. Sie fressen Gras.

Das kleine Schaf Oli
ist Mulis bester Freund.
Sie toben, rennen
und helfen sich.

Eines Tages sagt Oli zu Muli:
„Der Hirte war gestern da."

Der Hirte sagte seiner Frau: „Bald kommen viele Leute, denn der Kaiser will alle zählen lassen.“

Muli und Oli finden das toll.
Sie sehen über den Zaun,
ob etwas los ist.

Muli sagt es sofort
dem Ochsen Rono.
Der kaut aufgeregt
an einer Blume.

Muli rennt zur Maus Mini.
Mini tanzt unter der Krippe
hin und her.

Da hört Muli ein leises „I-A". Was ist da neben Mama auf dem Stroh?

Muli kann erst nur
eine Decke sehen.
Dann ruft er laut: „OH-JA!"

Es ist ein kleiner Esel.
Muli hat einen Bruder
bekommen.

Auch Oli rennt in den Stall.
Er kann unter der Laterne
den kleinen Esel sehen.

Alle sind froh und sagen
„Hallo" zum Esel.
Oli gibt dem Esel etwas Wolle.

Es ist dunkel geworden.
Über dem Stall steht
ein Stern am Himmel.

Alle Tiere ruhen sich aus.
Der Hirte zündet ein Feuer an.

Da kommt ein Mann in den Stall. Es ist Josef.

Josef sammelt
Stroh zusammen.
Er legt ein Tuch
auf die Krippe.

Josef holt seine Frau
Maria herein.
Sie werden bald
ein Kind bekommen.

Die Esel wollen Maria
und Josef wärmen.
Ihr Atem glänzt
über der Krippe.

Jesus kommt auf die Welt.
Alle sind froh.
Die Engel singen „HALLELU"
und Muli ruft „I-A".

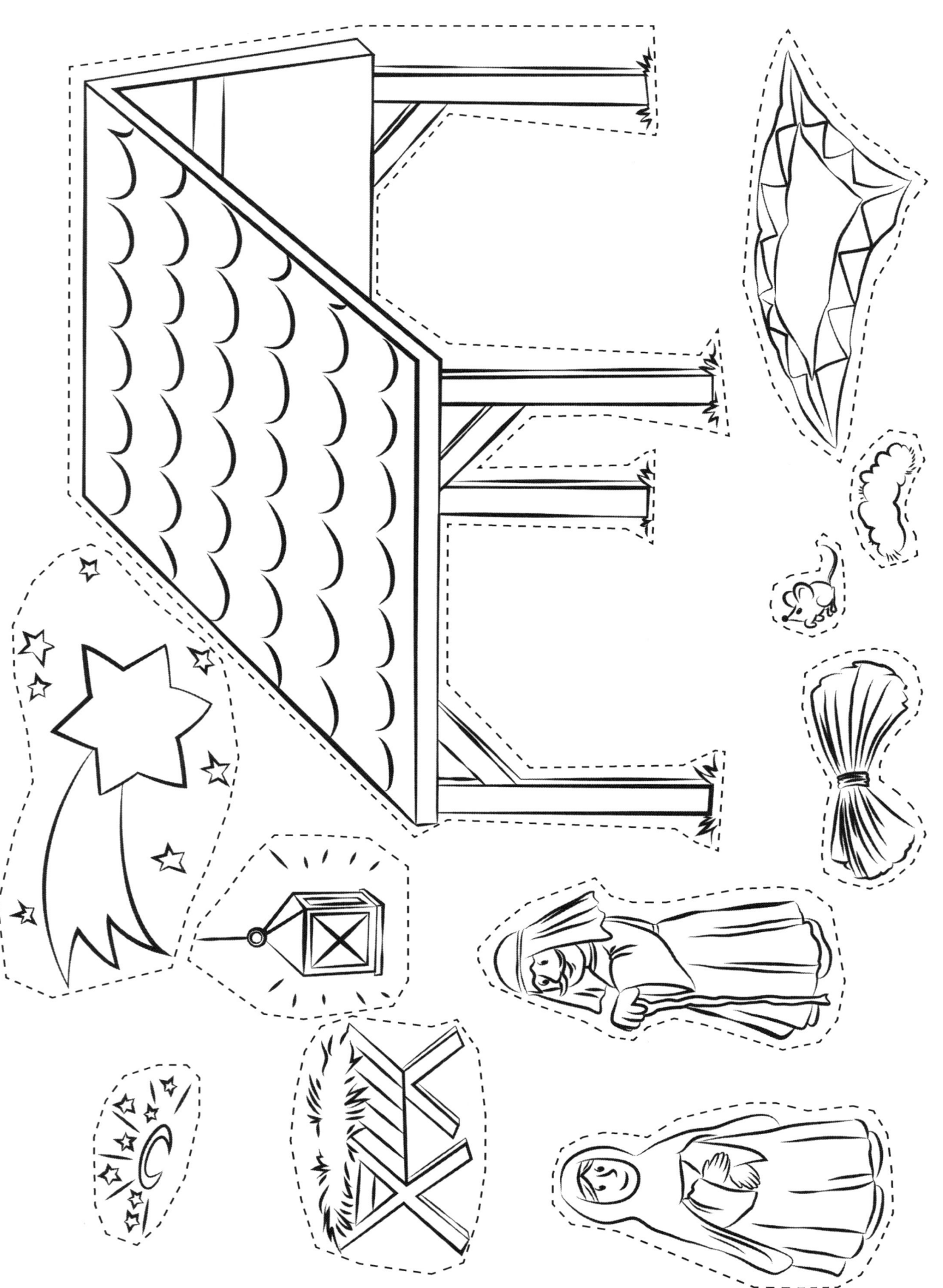

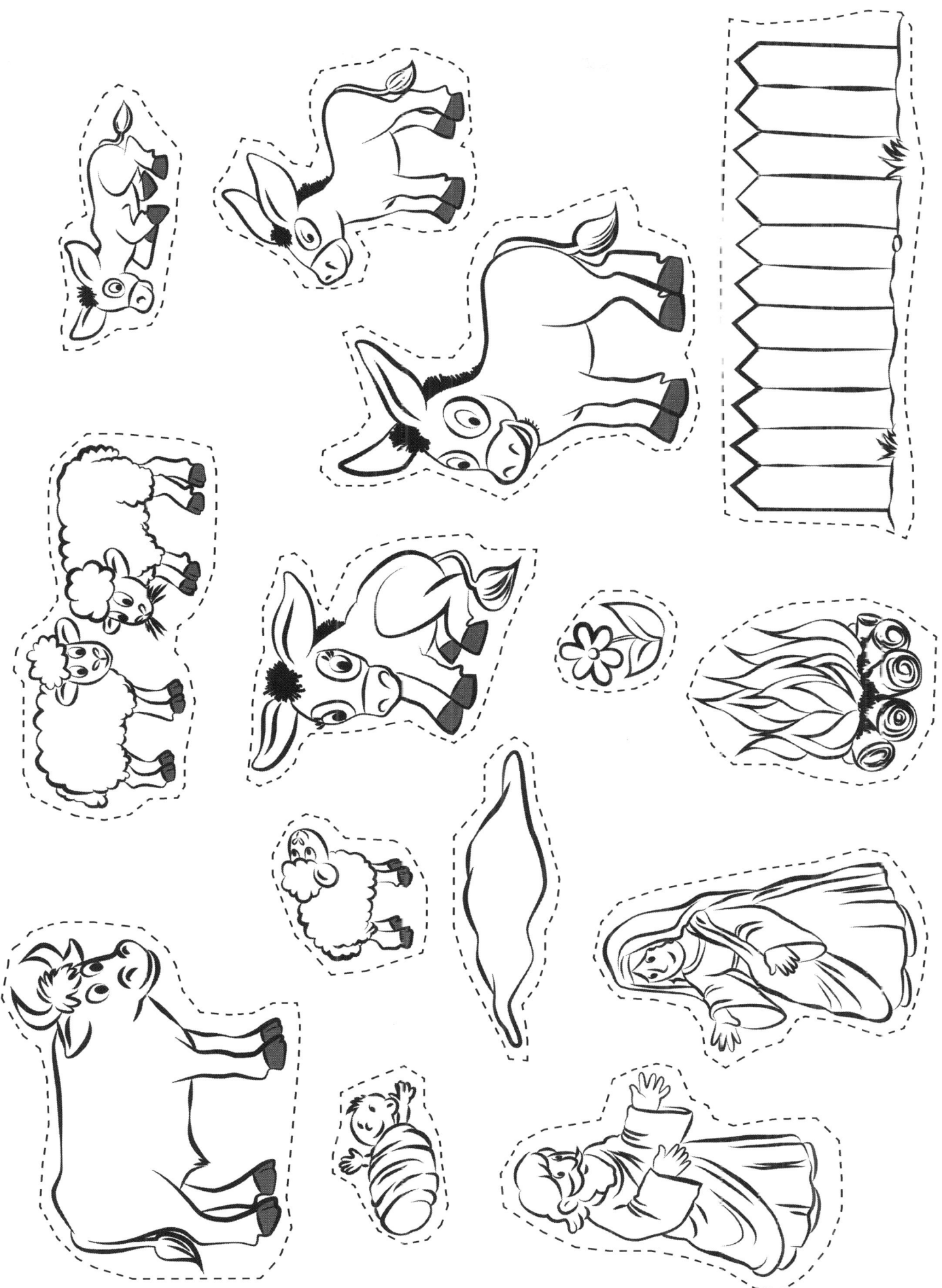

Krippenbild

Mein
erster
Lese-
advents-
kalender

3

Mola ist Mulis Mama.
Mola ruht sich am Boden aus.

Findest du das heraus?

1 Wann kommt Jesus auf
die Welt?
Am _____.

2 Wo liegt er?
In der _____.

2

Josef holt seine Frau
Maria herein.
Sie werden bald
ein Kind bekommen.

Helga Fell

Adventskalender
für Erstleser

Esel Muli erlebt die
Weihnachtsgeschichte

BRIGG VERLAG
F.-J. Bücher KG

1

Das ist der Esel Muli.
Muli lebt im fernen Land.

Frohes Fest!

Dieses Hosentaschenbuch gehört zu:

Adventskalender für Erstleser
ISBN 978-3-95660-074-6

24

Jesus kommt auf die Welt.
Alle sind froh.
Die Engel singen „HALLELU"
und Muli ruft „I-A".

2

Lies jeden Tag eine Seite und male das Bild aus!

4

Muli ist mit Mama
und Papa im Stall.
Da lebt auch die Maus Mini.

Josef sammelt
Stroh zusammen.
Er legt ein Tuch
auf die Krippe.

1

Das Buch gehört

Name _____

Klasse _____

⭐ Wie ist der Name von
Jesu Mutter?
_____

⭐ Welches Fest feiern wir zu
Jesu Geburt?
_____

Lösung:
⭐ Am 24. Dezember. ⭐ Maria
⭐ In der Krippe. ⭐ Weihnachten

3

Miro ist Mulis Papa.
Miro und Muli rufen oft „I-A".

Die Esel wollen Maria
und Josef wärmen.
Ihr Atem glänzt
über der Krippe.

Alle Tiere ruhen sich aus.
Der Hirte zündet
ein Feuer an.

Es ist ein kleiner Esel.
Muli hat einen Bruder
bekommen.

Dort gibt es auch Schafe.
Sie fressen Gras.

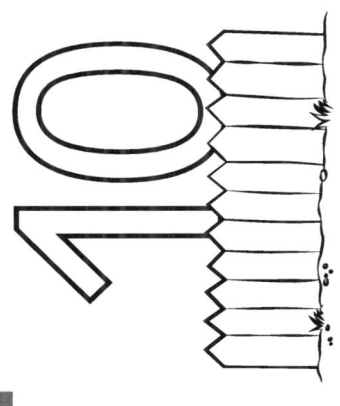

Muli und Oli finden das toll.
Sie sehen über den Zaun,
ob etwas los ist.

Alle sind froh und sagen
„Hallo" zum Esel. Oli
gibt dem Esel
etwas Wolle.

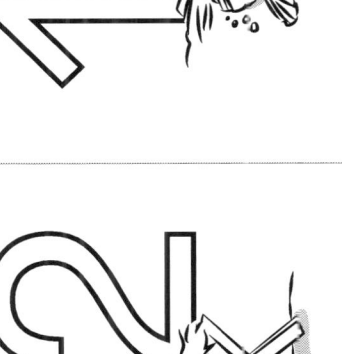

Da hört Muli ein leises „I-A".
Was ist da neben Mama
auf dem Stroh?

Eines Tages sagt Oli zu Muli:
„Der Hirte war gestern da."

Muli rennt zur Maus Mini.
Mini tanzt unter der Krippe
hin und her.

20

Da kommt ein Mann
in den Stall.
Es ist Josef.

16

Auch Oli rennt in den Stall.
Er kann unter der Laterne
den kleinen Esel sehen.

5

Neben dem Stall ist das Feld.
Da ist der Ochse Rono
zu Hause.

19

Der Hirte sagte seiner Frau:
„Bald kommen viele Leute,
denn der Kaiser will alle
zählen lassen."

18

Es ist dunkel geworden.
Über dem Stall steht
ein Stern am Himmel.

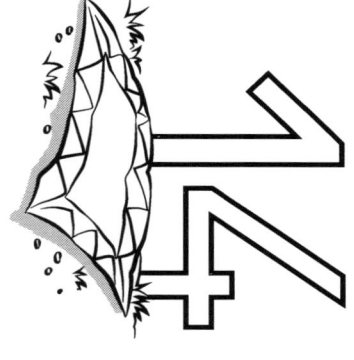

14

Muli kann erst nur
eine Decke sehen.
Dann ruft er laut: „OH-JA!"

7

Das kleine Schaf Oli
ist Mulis bester Freund.
Sie toben, rennen
und helfen sich.

11

Muli sagt es sofort
dem Ochsen Rono.
Der kaut aufgeregt
an einer Blume.

34

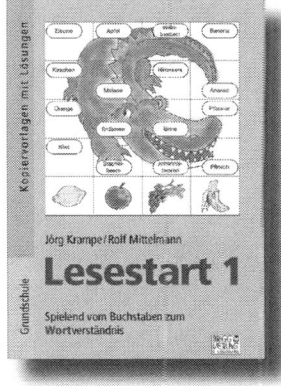
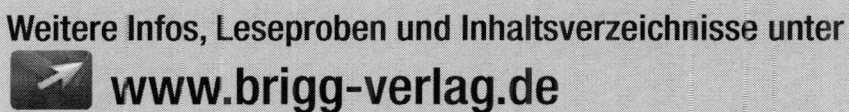